학교 - школа 2
여행 - путешествие 5
운반 - транспорт 8
도시 - город 10
풍경 - ландшафт 14
레스토랑 - ресторан 17
수퍼마켓 - супермаркет 20
음료수 - напитки 22
음식 - еда 23
농장 - ферма 27
집 - дом 31
응접실 - гостиная 33
부엌 - кухня 35
욕실 - ванная комната 38
아이들 방 - детская комната 42
의복 - одежда 44
사무실 - офис 49
경제 - экономика 51
직업 - профессии 53
연장 - инструменты 56
악기 - музыкальные инструменты 57
동물원 - зоопарк 59
스포츠 - спорт 62
활동 - действия 63
가족 - семья 67
몸통 - тело 68
병원 - больница 72
응급상황 - неотложный случай 76
지구 - земля 77
시계 - часы 79
주간 - неделя 80
년도 - год 81
형태 - формы 83
색 - цвета 84
반대 - противоположности 85
숫자 - цифры 88
언어 - языки 90
누가 / 무엇이 / 어떻게 - кто / что / как 91
어디에 - где 92

Impressum
Verlag: BABADADA GmbH, Nedderfeld 112 , 22529 Hamburg
Geschäftsführer / Verlagsleitung: Harald Hof
Druck: Books on Demand GmbH, In de Tarpen 42, 22848 Norderstedt

Imprint
Publisher: BABADADA GmbH, Nedderfeld 112 , 22529 Hamburg, Germany
Managing Director / Publishing direction: Harald Hof
Print: Books on Demand GmbH, In de Tarpen 42, 22848 Norderstedt, Germany

학교

школа

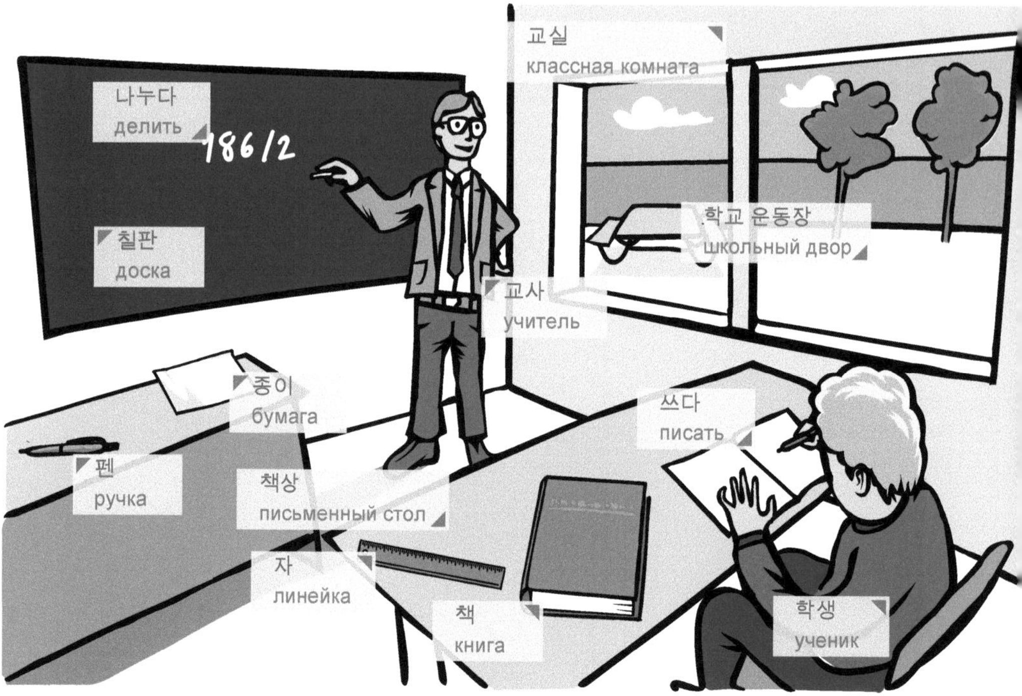

교실
классная комната
나누다
делить
186/2
칠판
доска
학교 운동장
школьный двор
교사
учитель
종이
бумага
쓰다
писать
펜
ручка
책상
письменный стол
자
линейка
책
книга
학생
ученик

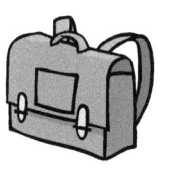

책가방

ранец

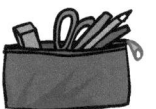

필통

пенал

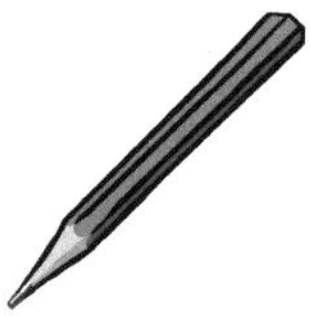

연필

карандаш

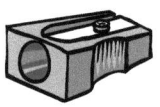

연필깎이

точилка

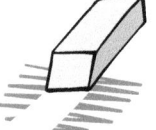

지우개

ластик

스케치북

альбом для рисования

그림

рисунок

붓

кисточка

그림물감 통

коробка красок

가위

ножницы

풀

клей

연습장

тетрадь

숙제

домашняя работа

12

숫자

цифра

2+2

더하다

прибавлять

5-2

빼다

вычитать

2×2

곱하다

умножать

계산하다

считать

A

글자

буква

ABCDEFG HIJKLMN OPQRSTU VWXYZ

알파벳

алфавит

hello

낱말

слово

텍스트
текст

읽다
читать

분필
мел

수업시간
урок

출석부
классный журнал

시험
экзамен

증명서
диплом

교복
школьная форма

교육
образование

백과사전
энциклопедия

대학교
университет

현미경
микроскоп

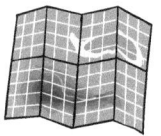

지도
карта

휴지통
корзина для бумаг

여행

путешествие

호텔
гостиница
Grand
호스텔
турбаза
ROOMS
EXCHANGE
환전소
пункт обмена валюты
여행가방
чемодан
자동차
автомобиль

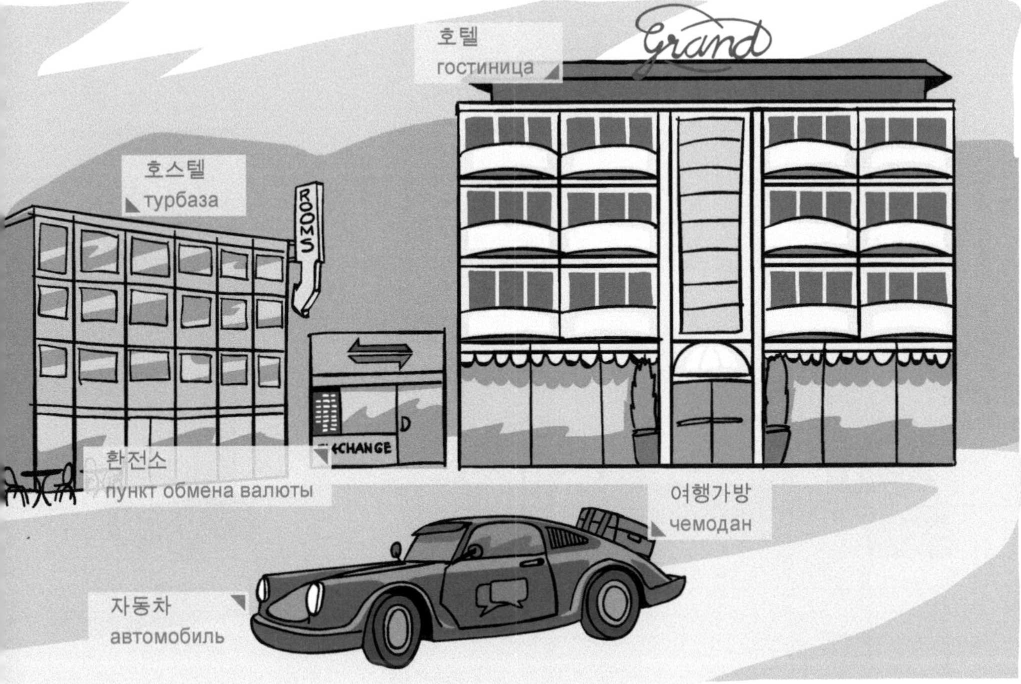

언어

язык

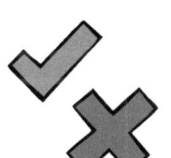

예 / 아니오

да / нет

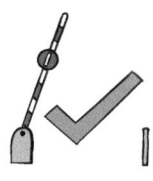

좋아

хорошо

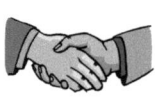

안녕

Привет

번역가

переводчик

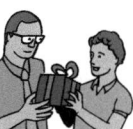

고마워, 고마워요

Спасибо

... 얼마입니까?

Сколько стоит...?

나는 이해하지 못합니다

Я не понимаю

문제

проблема

안녕하세요!

Добрый вечер!

안녕하세요!

Доброе утро!

잘자요!

Доброй ночи!

또 만나요

До свидания

방향

направление

수하물

багаж

가방

сумка

배낭

рюкзак

손님

гость

방

комната

침낭

спальный мешок

텐트

палатка

여행 - путешествие

여행 안내

туристическая
информация

해변

пляж

신용카드

кредитная карточка

아침식사

завтрак

점심식사

обед

저녁식사

ужин

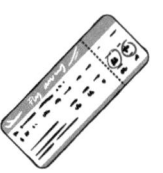

승차권

билет

승강기

лифт

우표

почтовая марка

경계

граница

세관

таможня

대사관

посольство

비자

виза

여권

паспорт

운반

транспорт

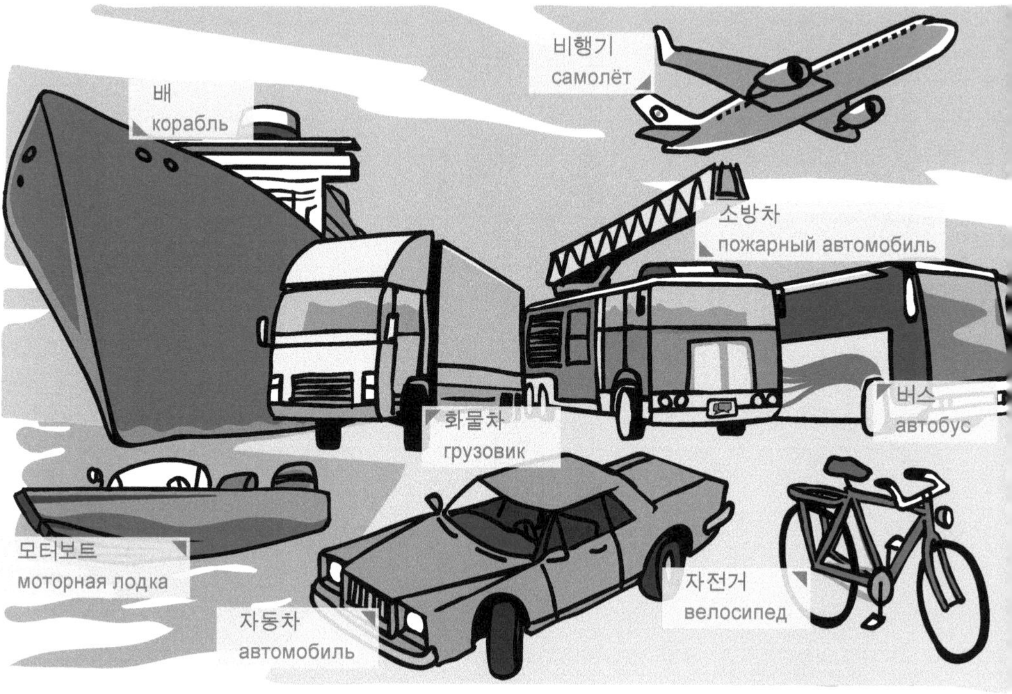
비행기
самолёт
배
корабль
소방차
пожарный автомобиль
버스
автобус
화물차
грузовик
모터보트
моторная лодка
자전거
велосипед
자동차
автомобиль

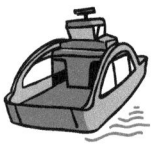

페리

паром

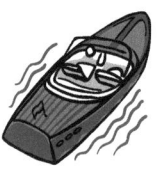

보트

лодка

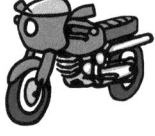

오토바이

мотоцикл

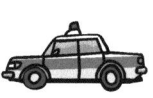

경찰차

полицейский автомобиль

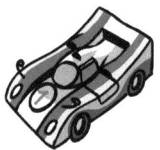

경주차

гоночный автомобиль

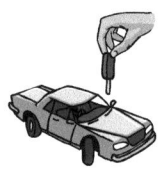

렌트카

арендованный автомобиль

카셰어링

овместное пользование
автомобилями

견인차

буксировочный
автомобиль

쓰레기차

мусоровоз

모터

двигатель

연료

топливо

주유소

заправка

교통 표지

дорожный знак

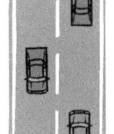

교통

движение

교통 정체

пробка

주차장

автостоянка

기차역

вокзал

트랙터

рельсы

기차

поезд

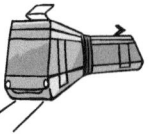

전차

трамвай

객차

вагон

헬리콥터

вертолёт

공항

аэропорт

타워

вышка

승객

пассажир

컨테이너

контейнер

상자

коробка

카트

тележка

바구니

корзина

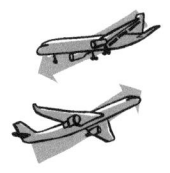

출발하다 / 도착하다

взлетать / приземляться

도시

город

마을

деревня

도심

центр города

집

дом

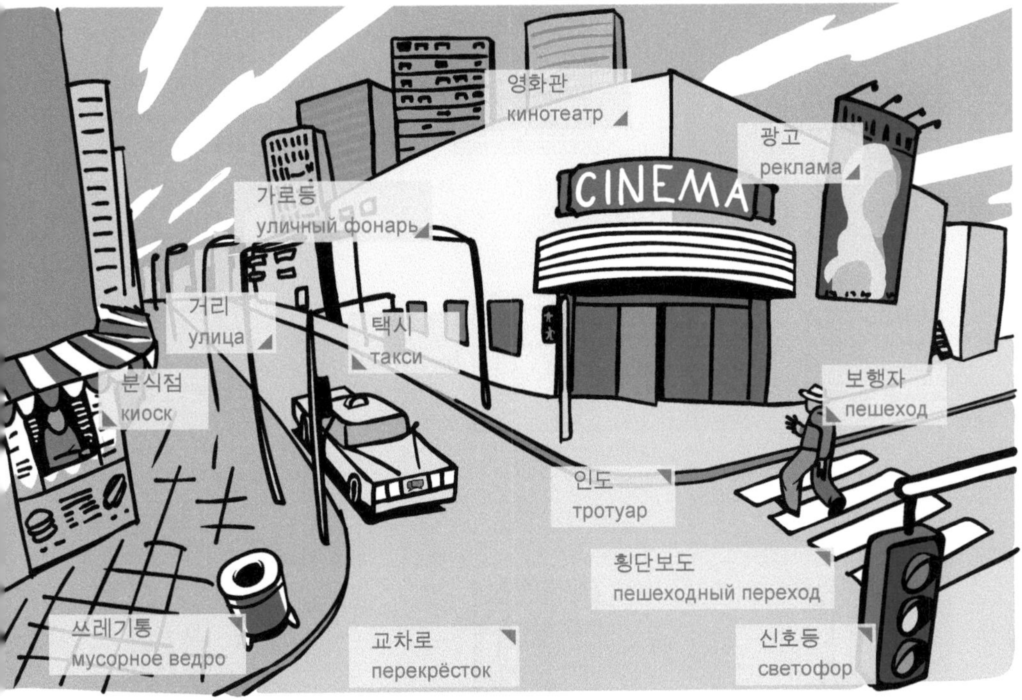

영화관
кинотеатр
광고
реклама
CINEMA
가로등
уличный фонарь
거리
улица
택시
такси
분식점
киоск
보행자
пешеход
인도
тротуар
횡단보도
пешеходный переход
쓰레기통
мусорное ведро
교차로
перекрёсток
신호등
светофор

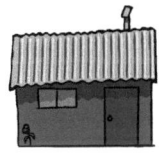

오두막

хижина

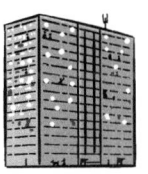

주택

квартира

기차역

вокзал

시청

ратуша

MUSEUM

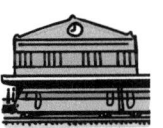

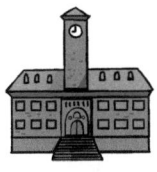

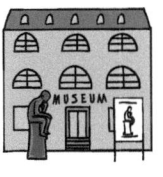

박물관

музей

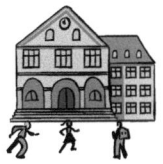

학교

школа

대학교

университет

은행

банк

병원

больница

호텔

гостиница

약국

аптека

사무실

офис

서점

книжный магазин

상점

магазин

꽃가게

цветочный магазин

수퍼마켓

супермаркет

시장

рынок

백화점

универмаг

생선가게

торговец рыбой

쇼핑 센터

торговый центр

항구

порт

공원

파рк

벤치

скамейка

다리

мост

계단

лестница

지하철

метро

터널

тоннель

버스 정류장

автобусная остановка

바

бар

레스토랑

ресторан

우체통

почтовый ящик

도로 표지판

табличка с названием
улицы

주차료 징수기

паркометр

동물원

зоопарк

수영장

бассейн

모스크 사원

мечеть

도시 - город

농장

ферма

환경오염

загрязнение окружающей среды

공동묘지

кладбище

교회

церковь

놀이터

детская площадка

절

храм

풍경
ландшафт

잎 — лист

이정표 — дорожный указатель

길 — дорога

초원 — луг

돌 — камень

나무 — дерево

도보여행자 — путешественник

강 — река

잔디 — трава

꽃 — цветок

계곡

долина

산

гора

호수

озеро

숲

лес

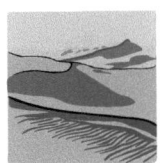

사막

пустыня

화산

вулкан

성

замок

무지개

радуга

버섯

гриб

야자나무

пальма

모기

комар

파리

муха

개미

муравей

벌

пчела

거미

паук

풍경 - ландшафт

딱정벌레

жук

개구리

лягушка

다람쥐

белка

고슴도치

еж

토끼

заяц

부엉이

сова

새

птица

백조

лебедь

맷돼지

кабан

사슴

олень

순록

лось

댐

плотина

풍력 터빈

ветряной генератор

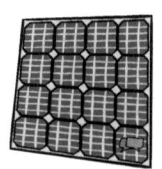

태양광 전지판

солнечная батарея

기후

климат

레스토랑
ресторан

웨이터
официант

메뉴
меню

의자
стул

수프
суп

피자
пицца

테이블보
скатерть

수저
столовые приборы

전채요리

закуска

주요리

главное блюдо

후식

десерт

음료수

напитки

음식

еда

병

бутылка

인스턴트 식품

фастфуд

길거리음식

уличная еда

찻주전자

чайник

설탕통

сахарница

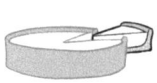

인분

порция

에스프레소 머신

кофеварка

높은 의자

детский стульчик

계산서

счет

쟁반

поднос

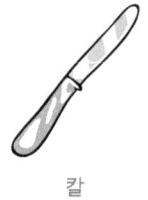

칼

нож

포크

вилка

숟가락

ложка

찻숟가락

чайная ложка

냅킨

салфетка

유리잔

стакан

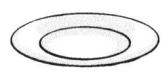

접시

тарелка

수프 그릇

суповая тарелка

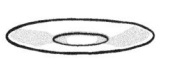

컵 받침

блюдце

소스

соус

소금통

солонка

후추통

мельница для перца

식초

уксус

기름

масло

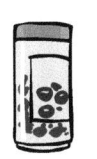 

양념

специи

케첩

кетчуп

겨자

горчица

마요네즈

майонез

수퍼마켓

супермаркет

특가 판매
специальное предложение
FOR
고객
покупатель
유제품
молочные продукты
과일
фрукты
트롤리
тележка для покупок

BUTCHERS

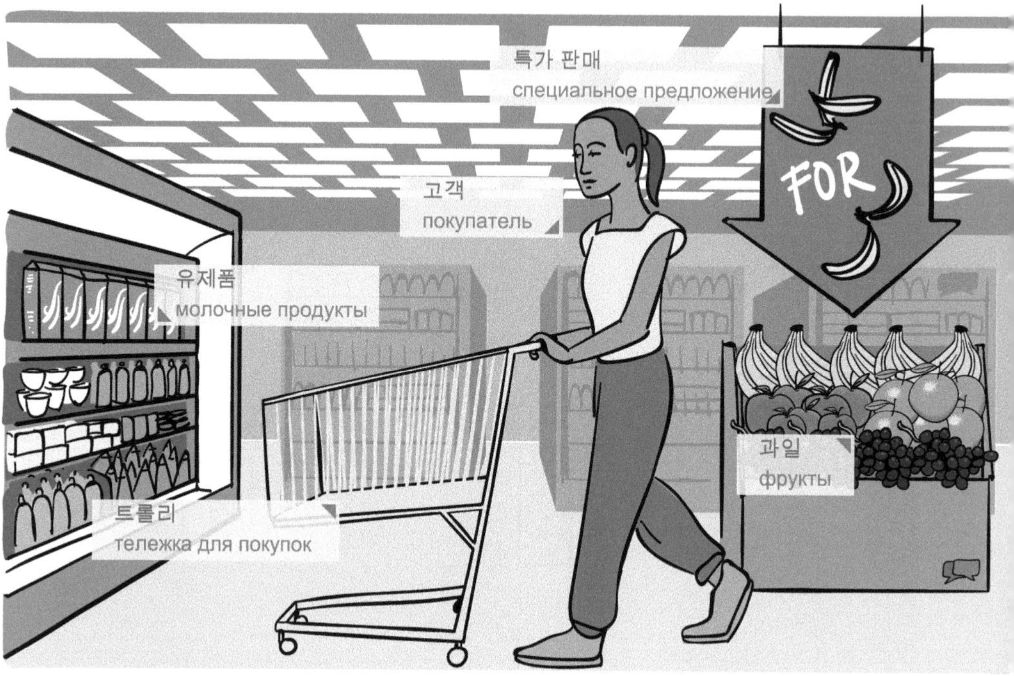

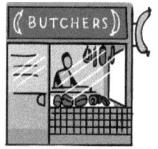

정육점

мясной магазин

BAKERY

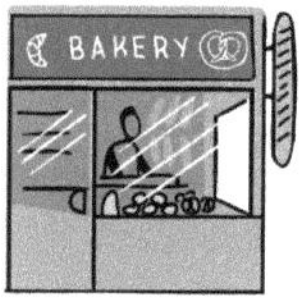

빵집

пекарня

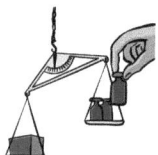

무게가 나가다

взвешивать

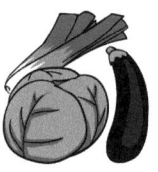

채소

овощи

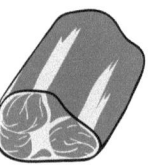

고기

мясо

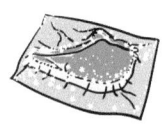

냉동식품

быстрозамороженные продукты

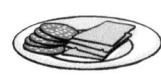

냉육

나резка

통조림

консервы

가루 세제

стиральный порошок

달콤한 간식

сладости

가정용품

предмет домашнего
обихода

세척제

моющее средство

판매원

продавщица

계산대

касса

계산원

кассир

구매목록

список покупок

문 여는 시간

время работы

지갑

бумажник

신용카드

кредитная карточка

가방

сумка

비닐 봉투

полиэтиленовый пакет

음료수
напитки

물

вода

주스

сок

우유

молоко

콜라

кока-кола

와인

вино

맥주

пиво

술

алкоголь

카카오

какао

차고

чай

커피

кофе

에스프레소

эспрессо

카푸치노

капучино

바나나

банан

사과

яблоко

오렌지

апельсин

수박

арбуз

레몬

лимон

당근

морковь

마늘

чеснок

대나무

бамбук

양파

лук

버섯

гриб

견과류

орехи

국수

лапша

스파게티

спагетти

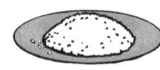

쌀

рис

샐러드

салат

감자칩

картофель фри

감자튀김

жареный картофель

피자

пицца

햄버거

гамбургер

샌드위치

сэндвич

커틀렛

шницель

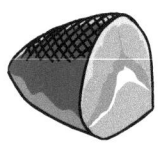

햄

ветчина

살라미

салями

소시지

колбаса

닭

курица

구이

жаркое

생선

рыба

오트밀

овсяные хлопья

뮤슬리

мюсли

콘플레이크

кукурузные хлопья

밀가루

мука

크루아상

круассан

롤빵

булочка

빵

хлеб

토스트

тост

비스킷

печенье

버터

масло

응유

творог

케이크

пирог

달걀

яйцо

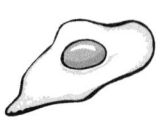

계란 후라이

яичница

치즈

сыр

아이스크림

мороженое

설탕

сахар

꿀

мёд

잼

мармелад

누가 크림

крем с нугой

카레

карри

농장

ферма

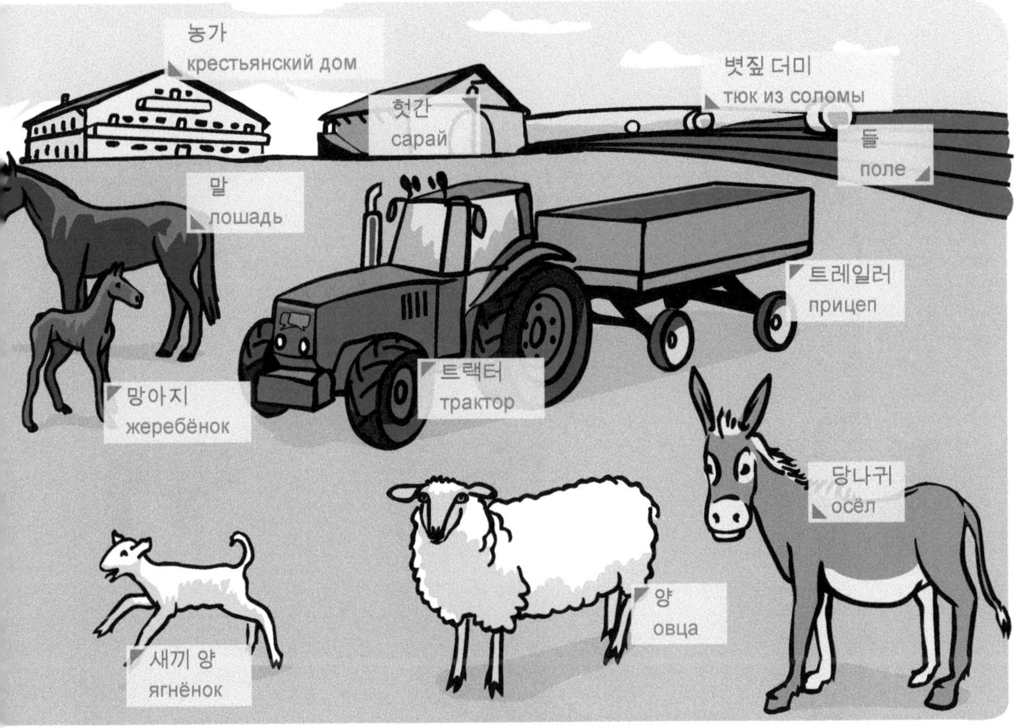
농가
крестьянский дом
헛간
сарай
볏짚 더미
тюк из соломы
들
поле
말
лошадь
트레일러
прицеп
망아지
жеребёнок
트랙터
трактор
당나귀
осёл
양
овца
새끼 양
ягнёнок

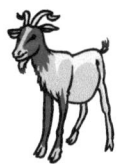

염소

козa

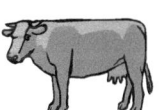

암소

корова

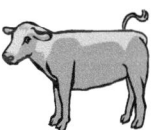

송아지

телёнок

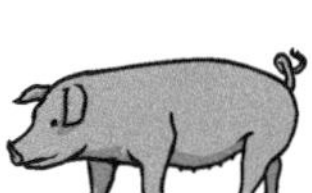

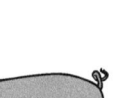

돼지

свинья

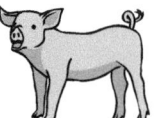

새끼 돼지

поросёнок

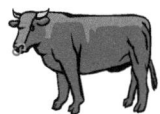

황소

бык

거위

гусь

오리

утка

병아리

цыплёнок

암탉

курица

수탉

петух

쥐

крыса

고양이

кошка

생쥐

мышь

황소

вол

개

собака

개집

конура

정원용 호스

садовый шланг

물뿌리개

лейка

큰 낫

коса

쟁기

плуг

낫

серп

괭이

мотыга

쇠스랑

навозные вилы

도끼

топор

외바퀴 손수레

тачка

여물통

корыто

우유 캔

бидон для молока

부대

мешок

울타리

забор

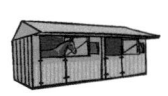

축사

хлев

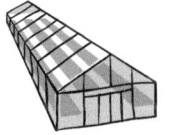

비닐하우스

теплица

땅

почва

씨앗

посев

거름

удобрение

콤바인

комбайн

농장 - ферма

수확하다

собирать урожай

수확

урожай

참마

ямс

밀

пшеница

콩

соя

감자

картофель

옥수수

кукуруза

유채씨

рапс

과일나무

фруктовое дерево

카사바

маниок

곡식

злаки

дом

굴뚝
дымоход

지붕
крыша

낙수 홈통
водосточный желоб

창문
окно

차고
гараж

초인종
звонок

문
дверь

쓰레기통
мусорное ведро

우편함
почтовый ящик

정원
сад

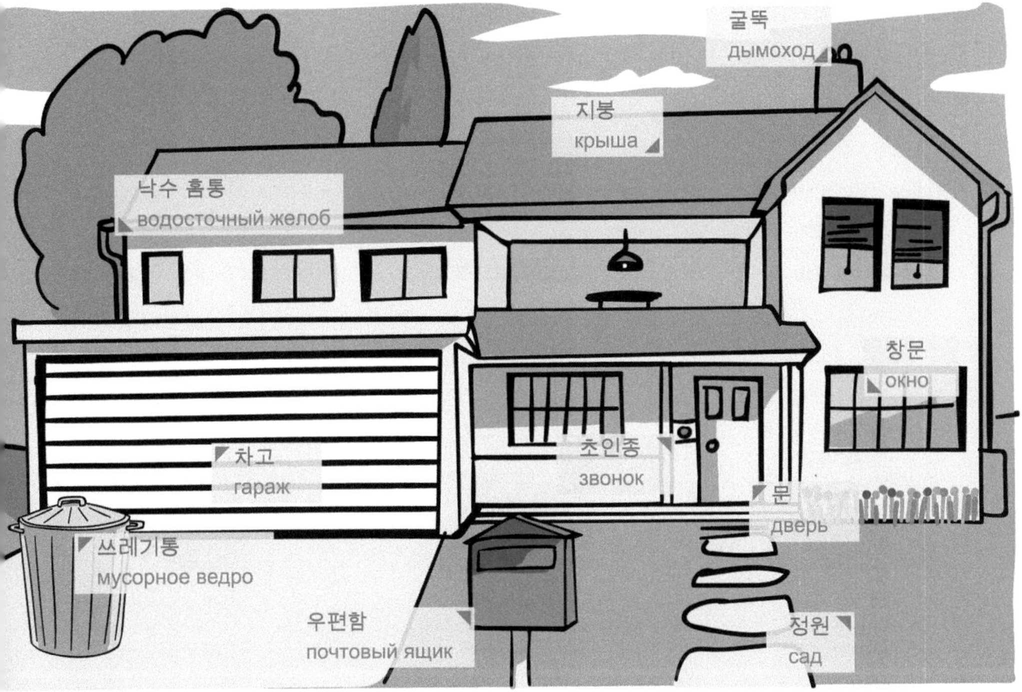

응접실

гостиная

욕실

ванная комната

부엌

кухня

침실

спальня

아이들 방

детская комната

식사실

столовая

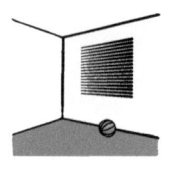

바닥

пол

벽

стена

천장

потолок

지하실

подвал

사우나

сауна

발코니

балкон

테라스

терраса

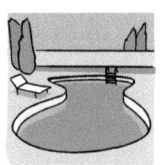

수영장

бассейн

잔디 깎는 기계

газонокосилка

침대 시트

пододеяльник

이불

покрывало

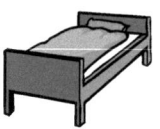

침대

кровать

빗자루

метла

양동이

ведро

스위치

выключатель

응접실

гостиная

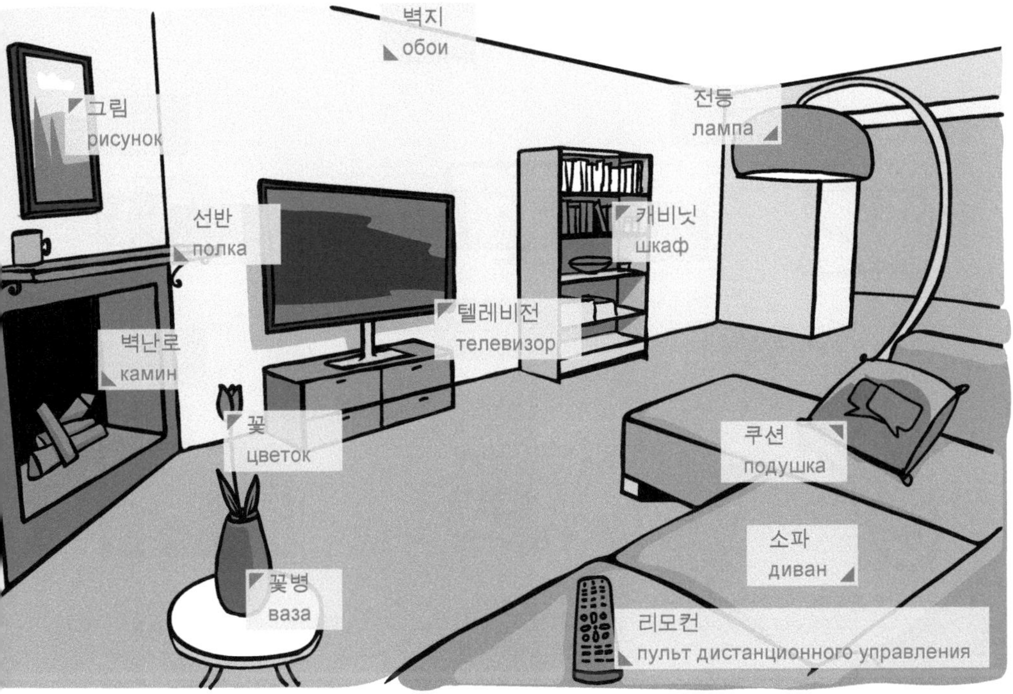
벽지
обои
그림
рисунок
전등
лампа
선반
полка
캐비닛
шкаф
텔레비전
телевизор
벽난로
камин
꽃
цветок
쿠션
подушка
소파
диван
꽃병
ваза
리모컨
пульт дистанционного управления

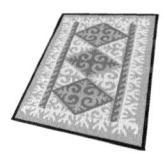

카페트

ковёр

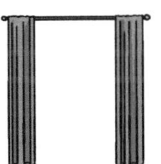

커튼

штора

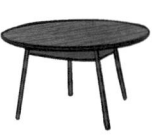

탁자

стол

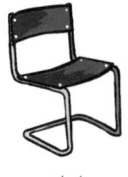

의자

стул

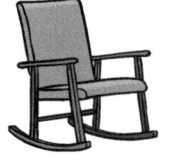

흔들의자

кресло-качалка

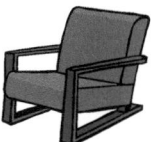

안락의자

кресло

책

книга

담요

покрывало

장식

украшение

뗄감나무

дрова

영화

фильм

하이파이 기기

стереосистема

열소

ключ

신문

газета

회화

картина

포스터

плакат

라디오

радио

노트

блокнот

진공청소기

пылесос

선인장

кактус

초

свеча

부엌

кухня

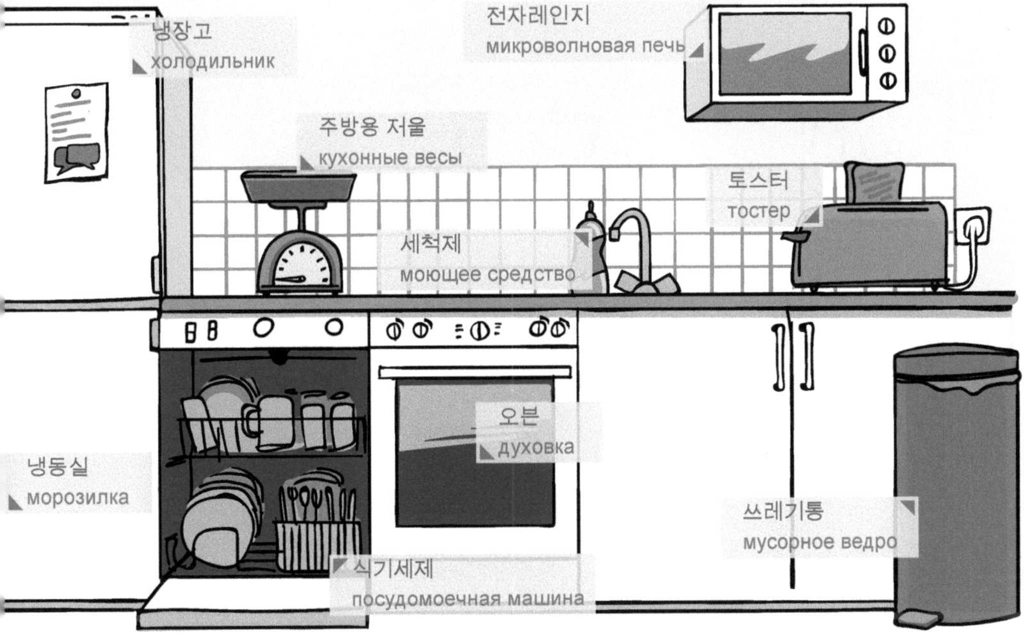

냉장고
холодильник
전자레인지
микроволновая печь
주방용 저울
кухонные весы
토스터
тостер
세척제
моющее средство
오븐
духовка
냉동실
морозилка
쓰레기통
мусорное ведро
식기세제
посудомоечная машина

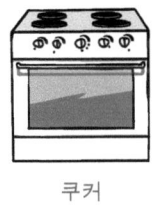

쿠커

плита

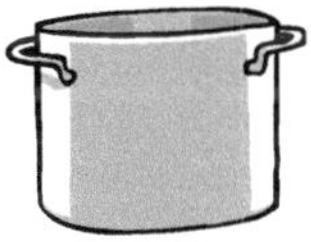

냄비

кастрюля

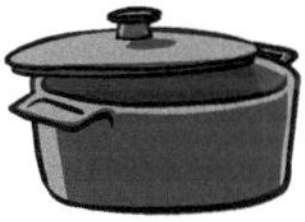

주철 냄비

чугунный котелок

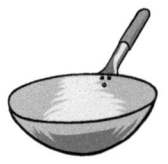

웍 / 카다이 냄비

вок / кадай

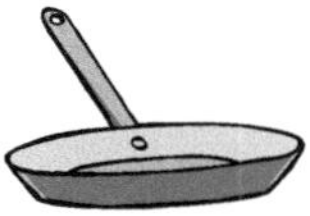

프라이팬

сковорода

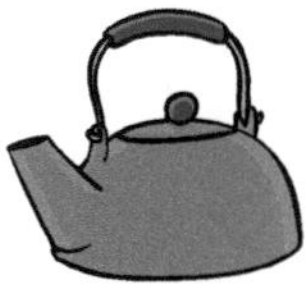

주전자

чайник

찜기

파로바рка

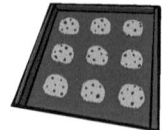

오븐 구이용 쟁반

противень

그릇

посуда

머그

кружка

양푼이

миска

젓가락

палочки для еды

국자

половник

주걱

лопатка

거품기

сбивалка

여과기

сито

체

сито

강판

тёрка

절구

ступка

바베큐

гриль

화덕

костёр

도마

доска

밀방망이

скалка

코르크 병따개

штопор

캔

жестяная банка

캔 따개

консервный нож

냄비 받침

прихватка

개수대

раковина

솔

щетка

수세미

губка

블렌더

миксер

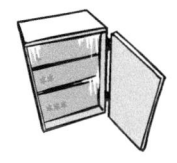

냉동고

морозильная камера

젖병

бутылочка для кормления

수도꼭지

кран

욕실

ванная комната

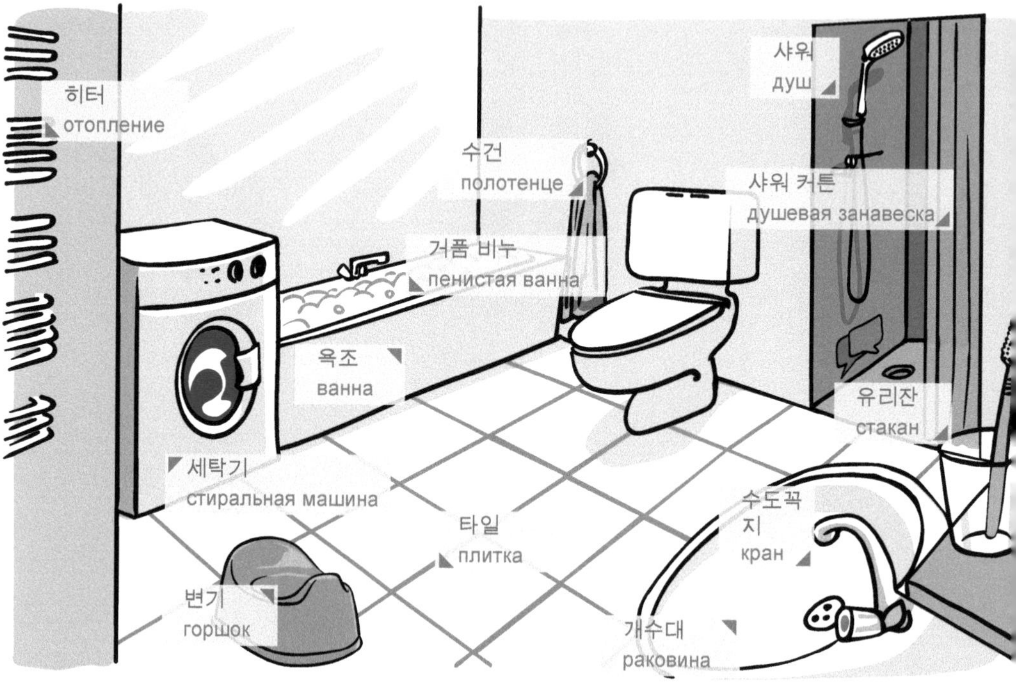

히터
отопление

샤워
душ

수건
полотенце

샤워 커튼
душевая занавеска

거품 비누
пенистая ванна

옥조
ванна

유리잔
стакан

세탁기
стиральная машина

타일
плитка

수도꼭지
кран

변기
горшок

개수대
раковина

화장실

туалет

재래식 화장실

напольный унитаз

비데

биде

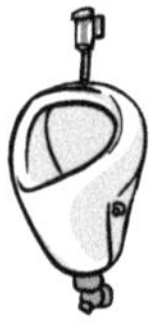

공중 변소

писсуар

화장지

туалетная бумага

변기솔

ершик

치솔

зубная щетка

치약

зубная паста

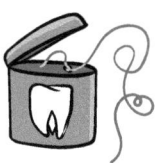

치실

зубная нить

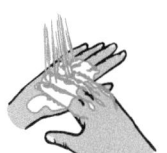

씻다

мыть

샤워기

ручной душ

질 세척제

интимный душ

대야

таз

등밀이솔

щетка для спины

비누

мыло

샤워 젤

гель для душа

샴푸

шампунь

물걸레

мочалка

배수관

сток

크림

крем

체취 제거제

дезодорант

거울

зеркало

휴대용 거울

ручное зеркало

면도기

бритва

면도 거품

пена для бритья

에프터쉐이브

лосьон после бритья

빗

расческа

솔

щетка

헤어드라이기

фен

헤어스프레이

лак для волос

메이크업

косметика

립스틱

губная помада

손톱깎이

лак для ногтей

면 솜

вата

손톱

маникюрные ножницы

향수

духи

세면도구 주머니

косметичка

스툴

табуретка

저울

весы

목욕 가운

халат

고무 장갑

резиновые перчатки

탐폰

тампон

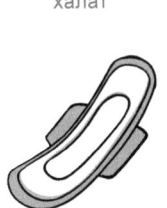

생리대

игиеническая прокладка

화학 화장실

биотуалет

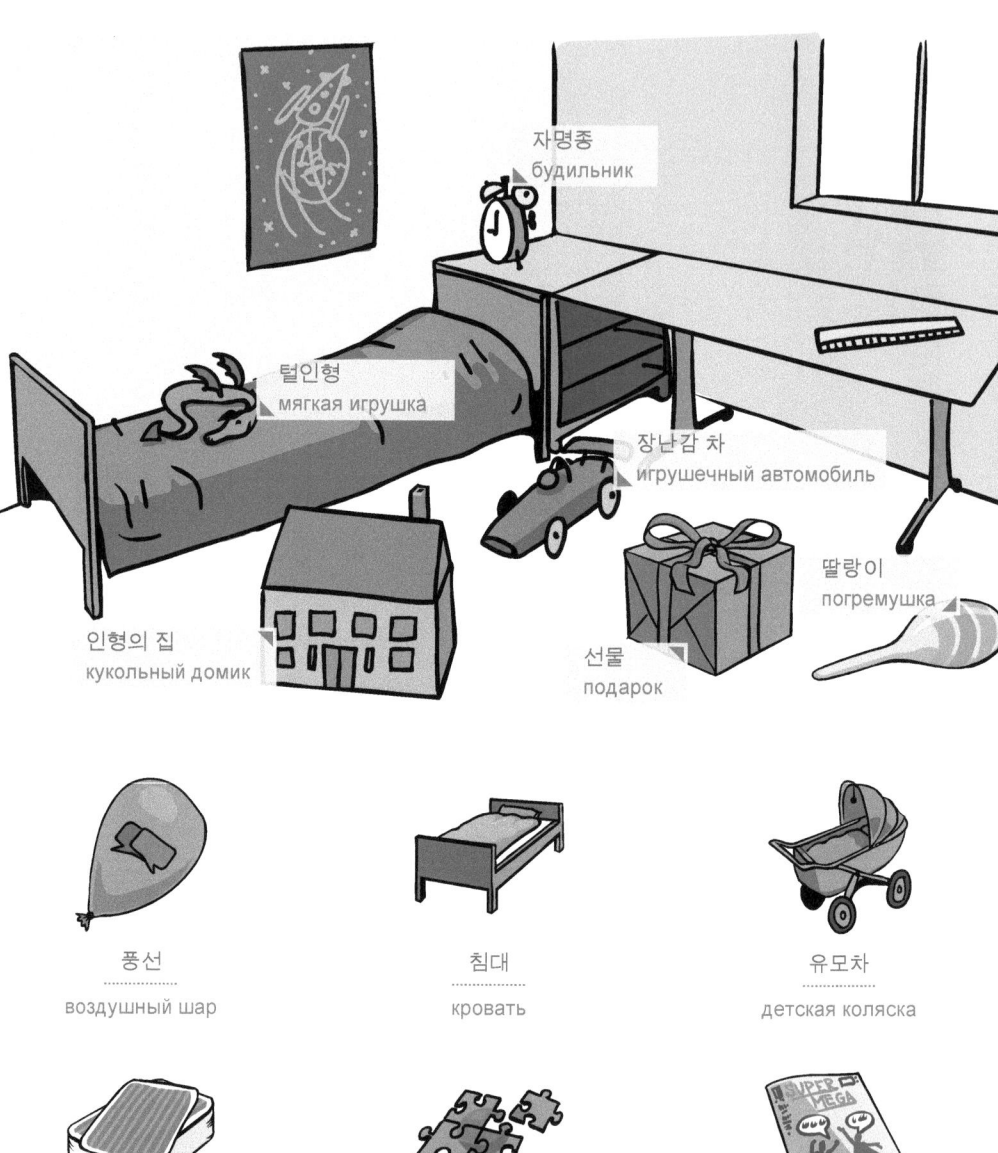

자명종
будильник

털인형
мягкая игрушка

장난감 차
игрушечный автомобиль

딸랑이
погремушка

인형의 집
кукольный домик

선물
подарок

풍선
воздушный шар

침대
кровать

유모차
детская коляска

카드 게임
карточная игра

퍼즐
пазл

만화
комикс

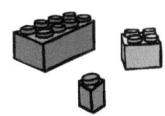

레고

кирпичики Лего

장난감 블럭

кубики

액션 캐릭터

игрушечная фигурка

베이비 그로

ползунки

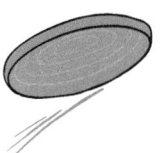

프리스비

фрисби

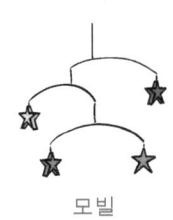

모빌

мобиле

보드 게임

настольная игра

주사위

кубик

기차 모형 세트

модель железной дороги

노리개 젖꼭지

соска

파티

вечеринка

그림책

книга с картинками

공

мяч

인형

кукла

놀다

играть

모래상자

песочница

그네

качели

장난감

игрушка

비디오 게임 콘솔

игровая приставка

세바퀴자전거

трёхколесный велосипед

곰인형

плюшевый медвежонок

옷장

шкаф для одежды

의복

одежда

양말

носки

스타킹

чулки

스타킹

колготки

스카프
шарф

우산
зонтик

티셔츠
футболка

허리띠
ремень

부츠
сапоги

슬리퍼
тапки

운동화
кроссовки

샌들

сандалии

신발

ботинки

고무 장화

резиновые сапоги

팬티

трусы

브래지어

бюстгальтер

러닝 셔츠

майка

의복 - одежда

바디

боди

바지

брюки

청바지

джинсы

치마

юбка

블라우스

блузка

셔츠

рубашка

풀오버

свитер

후드티

свитер

블레이저

спортивная куртка

자켓

жакет

외투

пальто

비옷

плащ

의상

костюм

원피스

платье

웨딩 드레스

свадебное платье

의복 - одежда

양복

мужской костюм

나이트가운

ночная сорочка

잠옷

пижама

사리

сари

두건

платок

터번

тюрбан

부르카

паранджа

카프탄

кафтан

아바야

абайя

수영복

купальник

수영바지

плавки

반바지

шорты

트레이닝복

спортивный костюм

앞치마

фартук

장갑

перчатки

단추

пуговица

안경

очки

팔찌

браслет

목걸이

цепочка

반지

кольцо

귀걸이

серьга

캡 모자

шапка

옷걸이

вешалка

모자

шляпа

넥타이

галстук

지퍼

застежка молния

헬멧

шлем

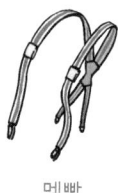

멜빵

подтяжки

교복

школьная форма

유니폼

форма

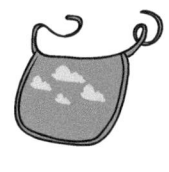

턱받이

детский нагрудник

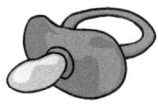

노리개 젖꼭지

соска

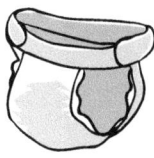

기저귀

подгузник

사무실

офис

서버
сервер
서류 캐비닛
канцелярский шкаф
인쇄기
принтер
종이
бумага
모니터
монитор
마우스
мышь
책상
письменный стол
폴더
папка
자판기
клавиатура
의자
стул
휴지통
корзина для бумаг
컴퓨터
компьютер

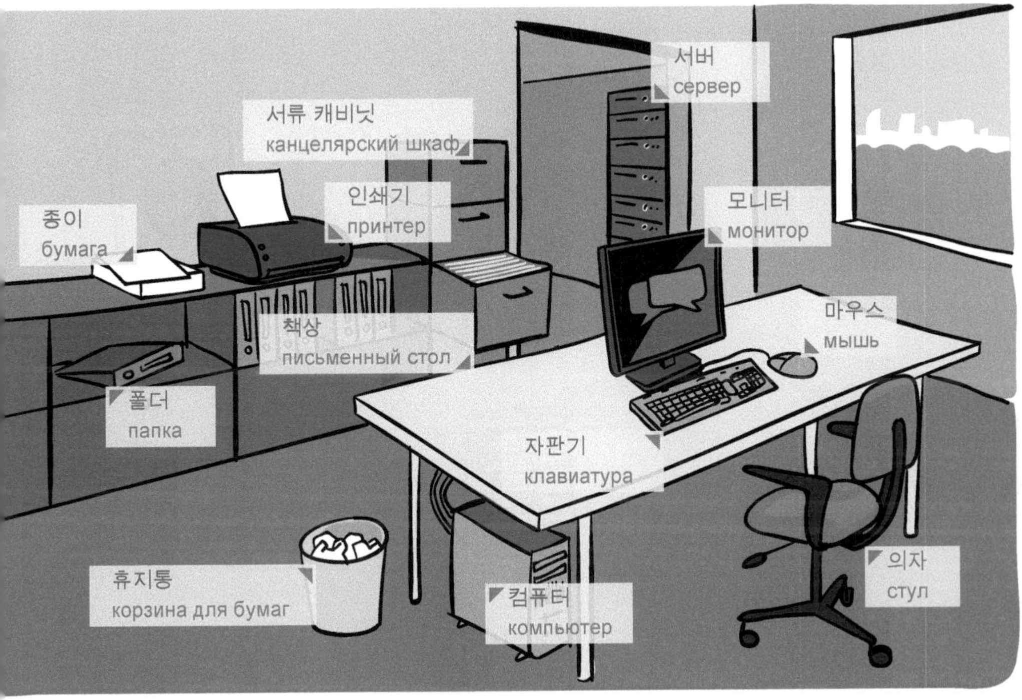

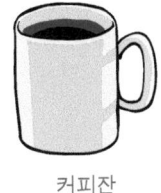

커피잔

кофейная кружка

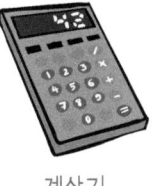

계산기

калькулятор

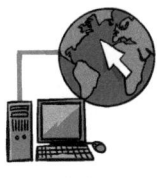

인터넷

интернет

노트북

ноутбук

편지

письмо

메시지

сообщение

휴대전화

мобильный телефон

네트워크

сеть

복사기

ксерокс

소프트웨어

программа

전화

телефон

플러그 소켓

розетка

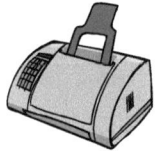

팩시밀리

факс

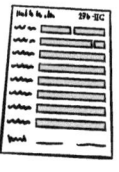

서식

формуляр

서류

документ

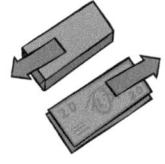

사다
....
покупать

지불하다
....
платить

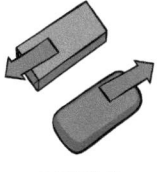

거래하다
....
торговать

돈
....
деньги

달러
....
доллар

유로
....
евро

엔
....
иена

루벨
....
рубль

스위스 프랑
....
франк

위안
....
жэньминьби юань

루피
....
рупия

현금인출기
....
банкомат

환전소

пункт обмена валюты

금

золото

은

серебро

석유

нефть

에너지

энергия

가격

цена

계약

договор

세금

налог

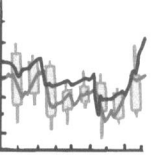

주식

акция

일하다

работать

근로자

служащий

고용주

работодатель

공장

фабрика

상점

магазин

직업
профессии

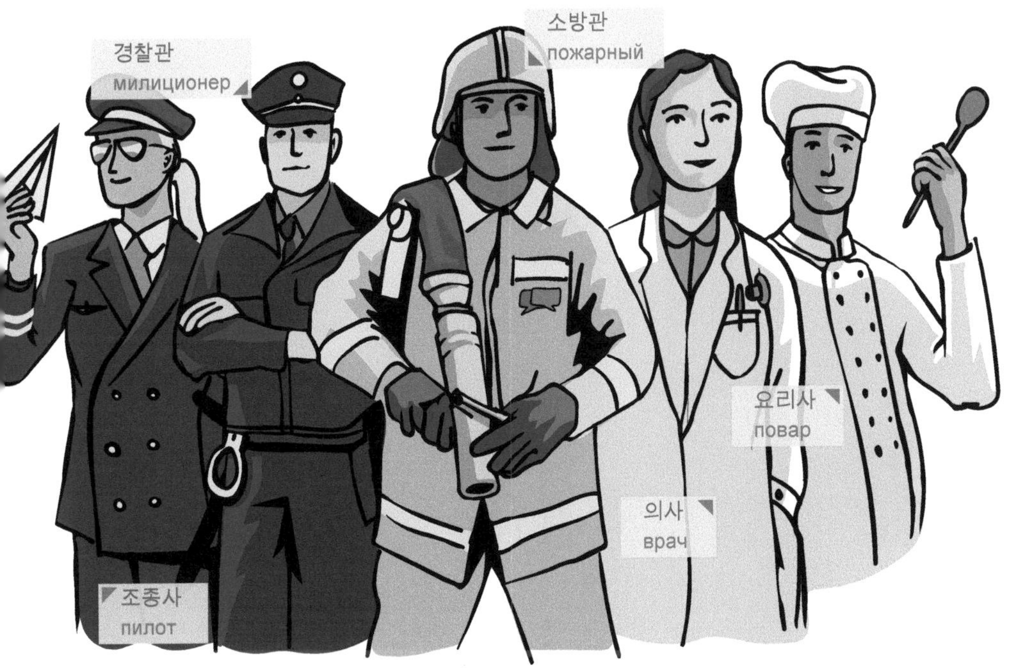

경찰관
милиционер
소방관
пожарный
요리사
повар
의사
врач
조종사
пилот

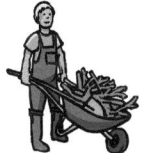

정원사

садовник

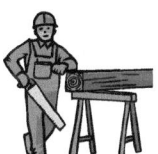

목수

столяр

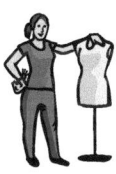

수선공

швея

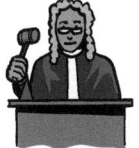

판사

судья

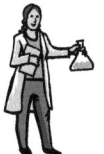

화학자

химик

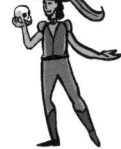

배우

актёр

버스운전사

водитель автобуса

택시 운전사

таксист

어부

рыбак

청소부

уборщица

지붕 수리자

кровельщик

웨이터

официант

사냥꾼

охотник

화가

художник

제빵사

пекарь

전기업자

электрик

건축업자

строитель

엔지니어

инженер

정육점업자

мясник

배관업자

сантехник

우편물 배달부

почтальон

군인
солдат

건축가
архитектор

계산원
кассир

플로리스트
флорист

미용사
парикмахер

검표원
кондуктор

정비사
механик

선장
капитан

치과의사
зубной врач

학자
ученый

유대교 라비
раввин

이맘
имам

수도승
монах

사제
священник

직업 - профессии

연장

инструменты

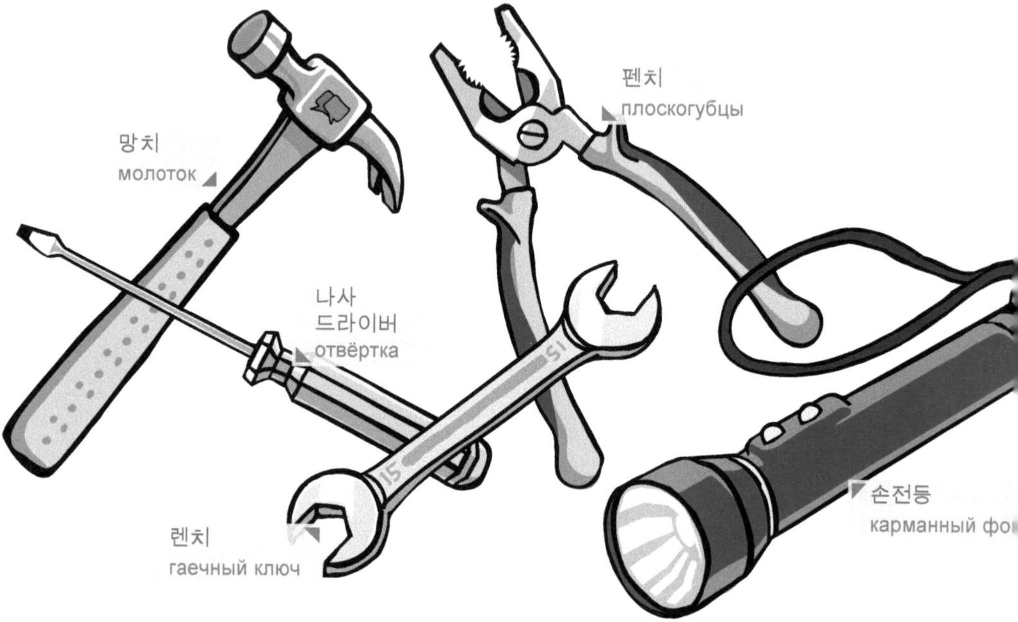

망치
молоток
펜치
плоскогубцы
나사
드라이버
отвёртка
렌치
гаечный ключ
손전등
карманный фо

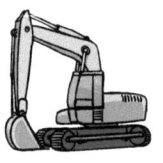

굴삭기

экскаватор

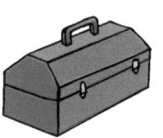

연장통

ящик для инструментов

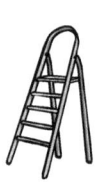

사다리

стремянка

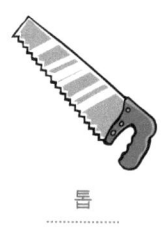

톱

пила

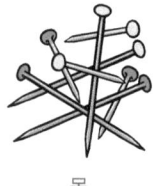

못

гвозди

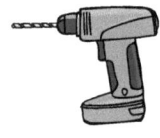

드릴

дрель

수리하다

ремонтировать

삽

лопата

블린!

젠장!

Блин!

쓰레받기

совок

페인트통

ведро с краской

나사

винты

악기

музыкальные инструменты

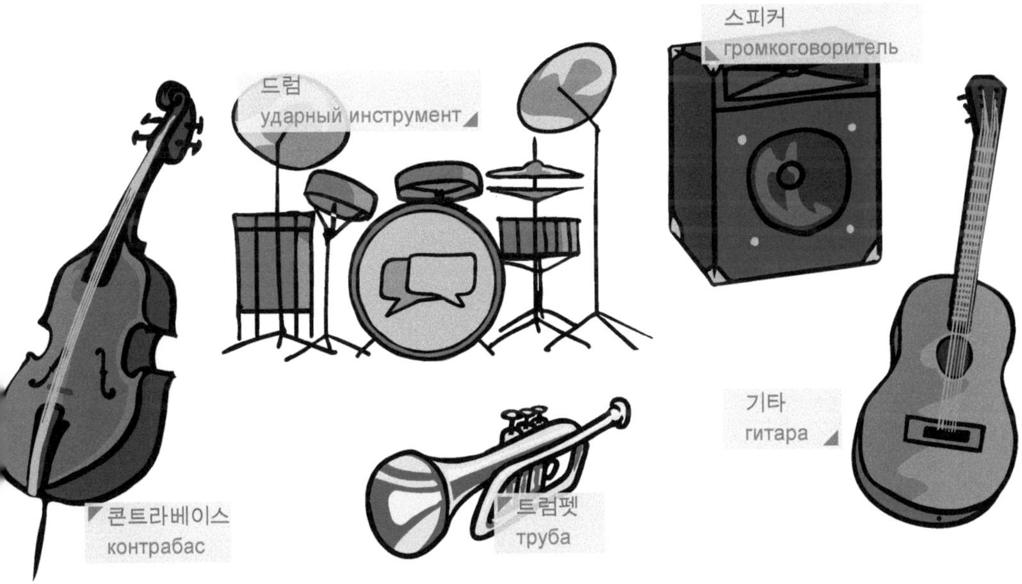

스피커
громкоговоритель

드럼
ударный инструмент

기타
гитара

콘트라베이스
контрабас

트럼펫
труба

피아노

пианино

바이올린

скрипка

베이스

бас-гитара

팀파니

литавры

북

барабан

키보드

синтезатор

색소폰

саксофон

플루트

флейта

마이크

микрофон

동물원

зоопарк

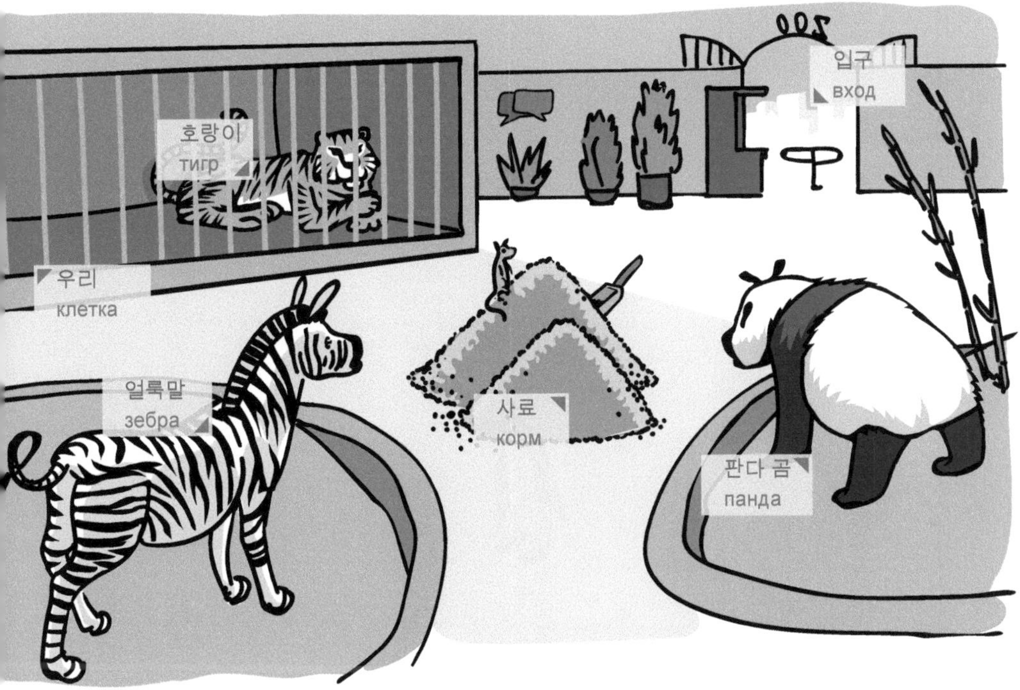

zoo
입구
вход
호랑이
тигр
우리
клетка
얼룩말
зебра
사료
корм
판다 곰
панда

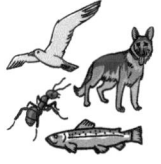

동물

животные

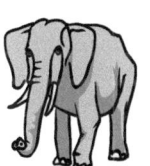

코끼리

слон

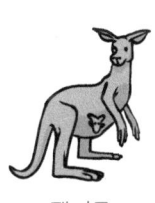

캥거루

кенгуру

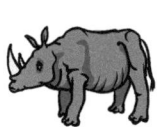

코뿔소

носорог

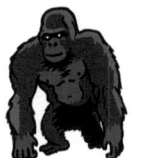

고릴라

горилла

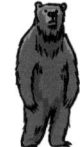

곰

медведь

낙타

верблюд

타조

страус

사자

лев

원숭이

обезьяна

홍학

фламинго

앵무새

попугай

북극곰

белый медведь

펭귄

пингвин

상어

акула

공작

павлин

뱀

змея

악어

крокодил

동물원 사육사

служитель зоопарка

물개

тюлень

재규어

ягуар

조랑말

пони

표범

леопард

하마

бегемот

기린

жираф

독수리

орёл

맷돼지

кабан

생선

рыба

거북이

черепаха

바다코끼리

морж

여우

лиса

영양

газель

미식축구
американский футбол

자전거 경기
езда на велосипеде

테니스
теннис

농구
баскетбол

수영
плавание

권투
бокс

아이스하키
хоккей

축구
футбол

배드민턴
бадминтон

육상 경기
лёгкая атлетика

핸드볼
гандбол

스키
лыжный спорт

폴로
поло

62   스포츠 - спорт

뛰어오르다
прыгать

웃다
смеяться

포옹하다
обнимать

걷다
идти

노래하다
петь

꿈꾸다
мечтать

기도하다
молиться

입맞추다
целовать

쓰다
писать

그리다
рисовать

보여주다
показывать

밀다
нажимать

주다
давать

받다
брать

가지다

иметь

행하다

делать

...이다

быть

서있다

стоять

뛰다

бежать

당기다

тянуть

던지다

бросать

떨어지다

падать

누워있다

лежать

기다리다

ждать

운반하다

носить

앉다

сидеть

옷을 입다

надевать

자다

спать

깨다

просыпаться

활동 - действия

보다

рассматривать

울다

плакать

쓰다듬다

гладить

빗다

причесывать

말하다

говорить

이해하다

понимать

묻다

спрашивать

듣다

слушать

마시다

пить

먹다

кушать

정리하다

наводить порядок

사랑하다

любить

요리하다

готовить

주행하다

ехать

날다

летать

해항하다

ходить под парусом

계산하다

считать

읽다

читать

배우다

учиться

일하다

работать

결혼하다

вступать в брак

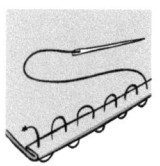

바느질하다

шить

이를 닦다

чистить зубы

죽이다

убивать

담배 피우다

курить

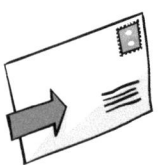

보내다

отправлять

가족

семья

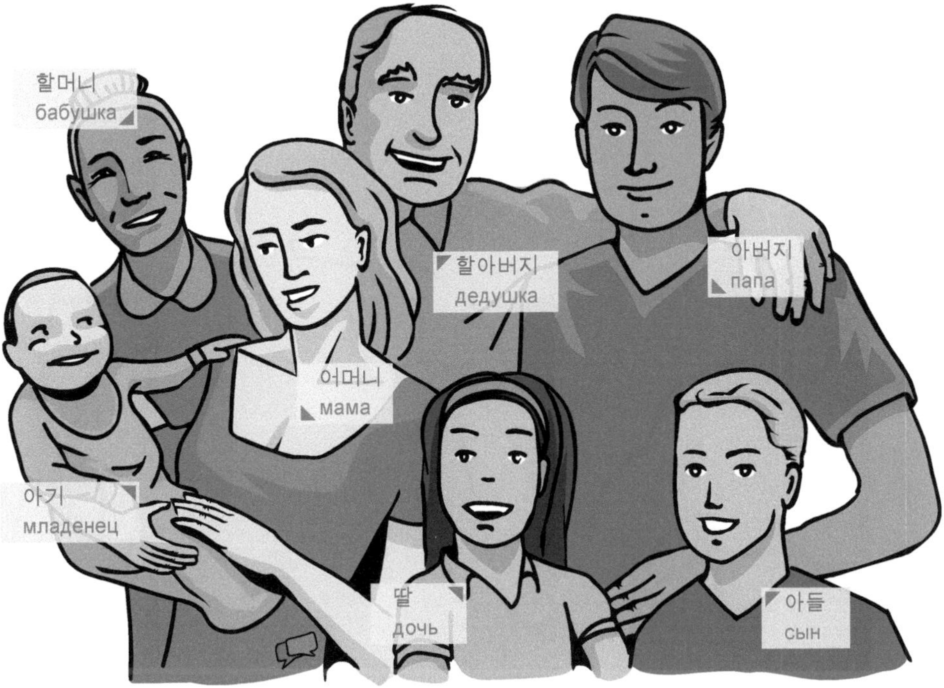
할머니
бабушка
할아버지
дедушка
아버지
папа
어머니
мама
아기
младенец
딸
дочь
아들
сын

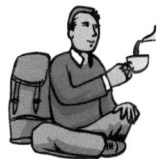

손님

гость

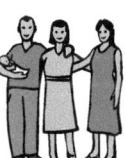

이모 / 고모

тетя

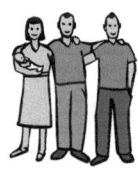

삼촌

дядя

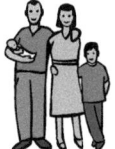

형제

брат

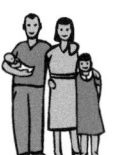

자매

сестра

몸통

тело

이마
лоб
눈
глаз
어깨
плечо
손가락
палец
얼굴
лицо
턱
подбородок
손가락
кисть
다리
нога
가슴
грудь
팔
рука

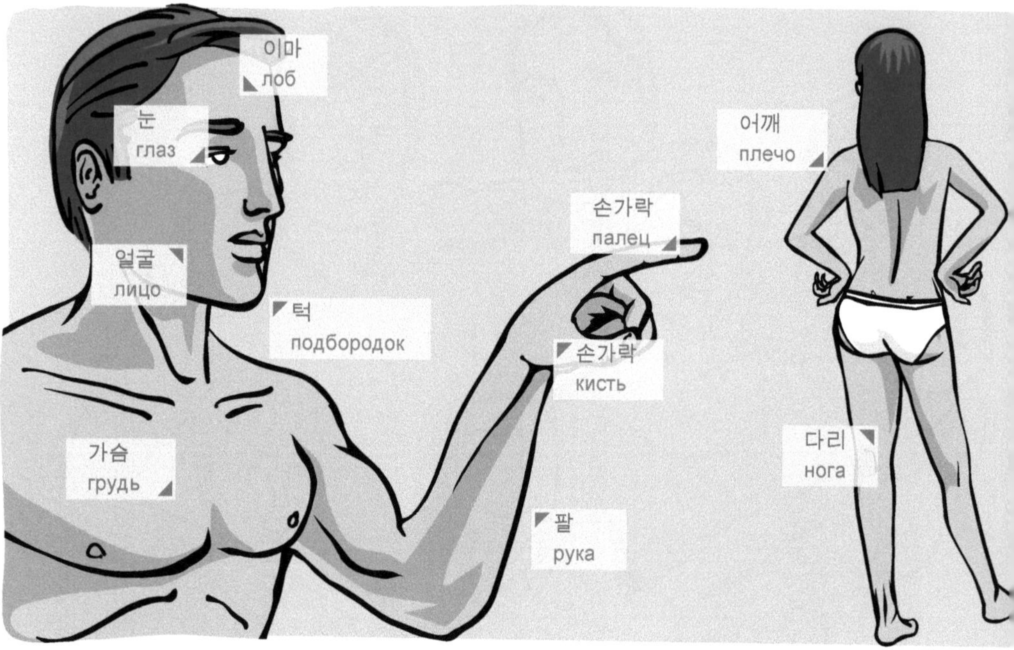

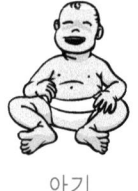

아기

младенец

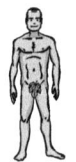

남자

мужчина

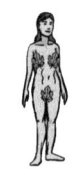

여자

женщина

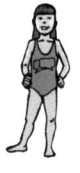

소녀

девочка

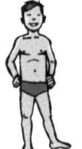

소년

мальчик

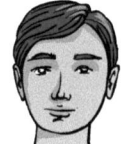

머리카락

голова

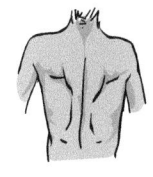

등
спина

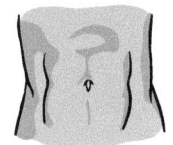

배
живот

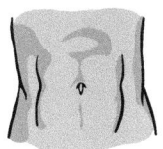

배꼽
пупок

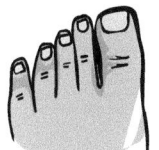

발가락
палец ноги

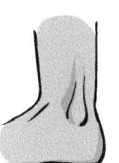

발꿈치
пятка

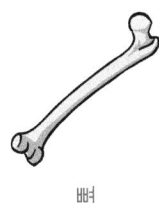

뼈
кость

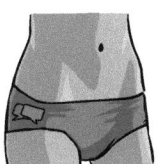

엉덩이
бедро

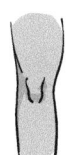

무릎
колено

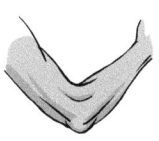

팔꿈치
локоть

코
нос

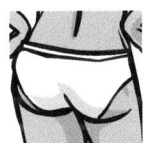

둔부
ягодицы

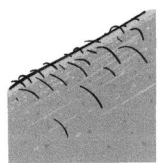

피부
кожа

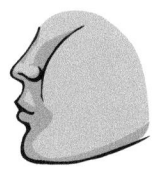

뺨
щека

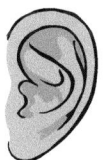

귀
ухо

입술
губа

몸통 - тело

입
......
рот

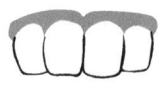

치아
......
зуб

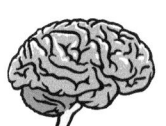

혀
......
язык

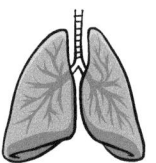

뇌
......
мозг

심장
......
сердце

근육
......
мышца

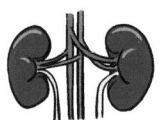

허파
......
лёгкое

간
......
печень

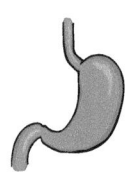

위
......
желудок

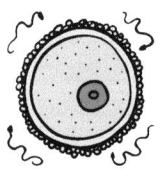

신장
......
почки

성교
......
половой акт

콘돔
......
презерватив

난자
......
яйцеклетка

정자
......
сперма

임신
......
беременность

몸통 - тело

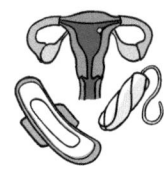

월경
менструация

질
вагина

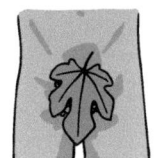

음경
пенис

눈썹
бровь

머리카락
волосы

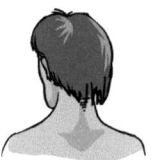

목
шея

병원
больница

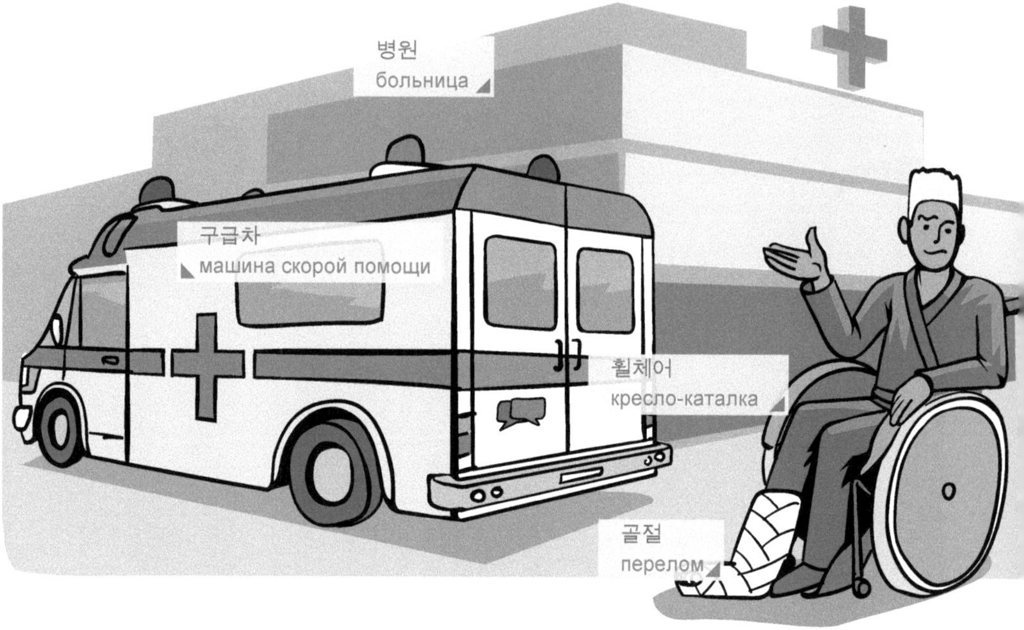

병원
больница
구급차
машина скорой помощи
휠체어
кресло-каталка
골절
перелом

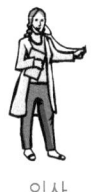

의사

врач

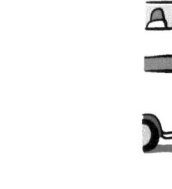

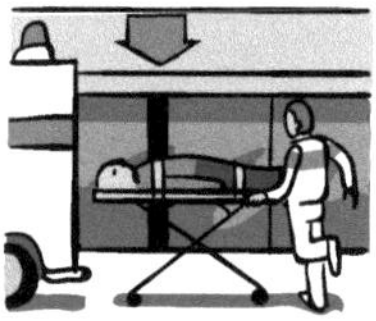

응급실

пункт первой помощи

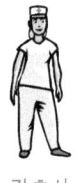

간호사

медсестра

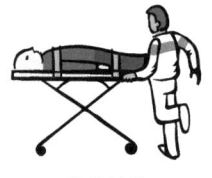

응급상황

неотложный случай

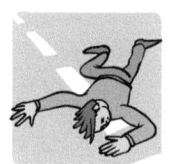

혼수상태

без сознания

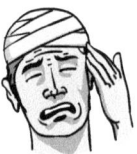

통증

боль

부상

повреждение

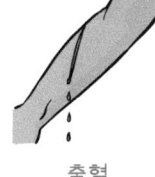

출혈

кровотечение

심장마비

инфаркт

뇌졸중

инсульт

알러지

аллергия

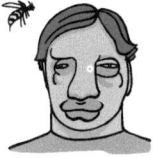

기침

кашель

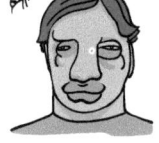

열

овышенная температура

독감

грипп

설사

понос

두통

головная боль

암

рак

당뇨병

диабет

외과의

хирург

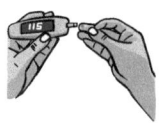

수술용 메스

скальпель

수술

операция

병원 - больница

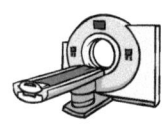

CT
КТ

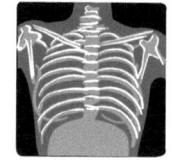

엑스레이
рентген

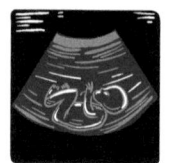

초음파
ультразвук

마스크
маска

질병
болезнь

대기실
приёмная

목발
костыль

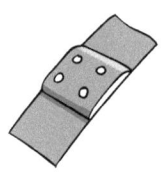

반창고
пластырь

붕대
бинт

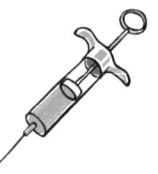

주사
укол

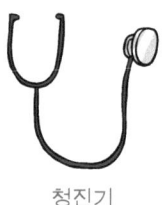

청진기
стетоскоп

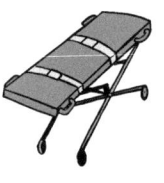

들것
носилки

체온계
термометр

출생
рождение

과체중
избыточный вес

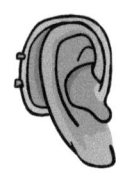

보청기

слуховой аппарат

소독약

дезинфекционное
средство

감염

инфекция

바이러스

вирус

HIV / AIDS

ВИЧ / СПИД

의학

лекарство

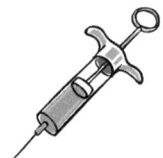

예방접종

прививка

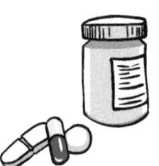

알약

таблетки

알약

противозачаточная
таблетка

구급 전화

экстренный вызов

혈압측정기

прибор для измерения
кровяного давления

병든 / 건강한

больной / здоровый

도와주세요!

Помогите!

경보음

сигнал тревоги

폭행

нападение

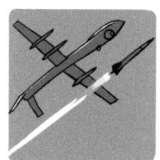

공격

атака

위험

опасность

비상구

запасной выход

불이야!

Пожар!

소화기

огнетушитель

사고

несчастный случай

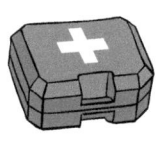

구급 상자

аптечка

SOS

SOS

경찰

милиция

유럽

Европа

북미

Северная Америка

남미

Южная Америка

아프리카

Африка

아시아

Азия

호주

Австралия

북극

Атлантический океан

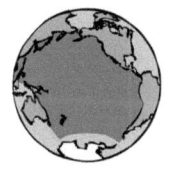

태평양

Тихий океан

인도양

Индийский океан

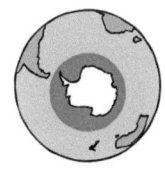

남극해

Антарктический океан

북극해

Северный Ледовитый океан

북극해

Северный полюс

남극해

Южный полюс

남극

Антарктика

지구

земля

육지

суша

바다

море

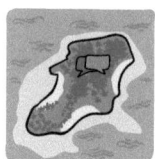

섬

остров

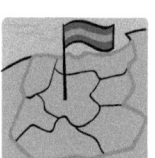

국가

нация

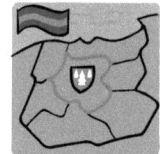

주

государство

시계 문자판
....
циферблат

시침
....
часовая стрелка

분침
....
минутная стрелка

초침
....
секундная стрелка

몇 시입니까?
....
Который час?

일
....
день

시간
....
время

지금
....
сейчас

디지털 시계
....
электронные часы

분
....
минута

시간
....
час

월요일
понедельник

수요일
среда

금요일
пятница

화요일
вторник

토요일
суббота

목요일
четверг

일요일
воскресенье

어제

вчера

오늘

сегодня

내일

завтра

아침

утро

정오

полдень

저녁

вечер

근로일

рабочие дни

주말

выходные

비
дождь

무지개
радуга

바람
ветер

눈
снег

봄
весна

여름
лето

가을
осень

겨울
зима

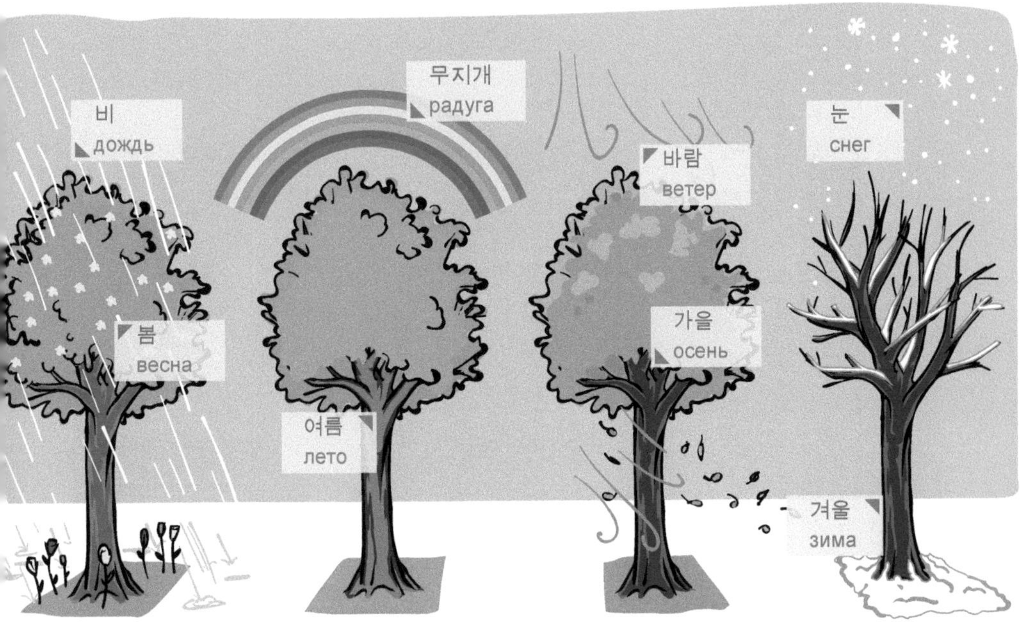

날씨 예보

прогноз погоды

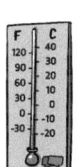

온도계

термометр

햇빛

солнечный свет

구름

туча

안개

туман

습도

влажность воздуха

번개

молния

천둥

гром

폭풍

буря

우박

град

장마

муссон

홍수

наводнение

얼음

лёд

1월

январь

2월

февраль

3월

март

4월

апрель

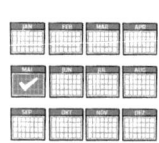

5월

май

6월

июнь

7월

июль

8월

август

년도 - год

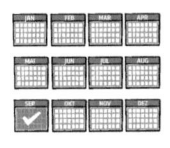

9월
....
сентябрь

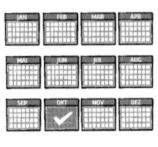

10월
....
октябрь

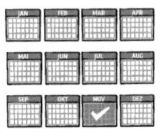

11월
....
ноябрь

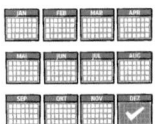

12월
....
декабрь

형태
формы

원
....
круг

정사각형
....
квадрат

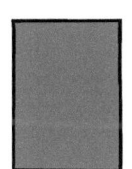

직사각형
....
прямоугольник

삼각형
....
треугольник

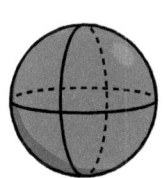

구
....
шар

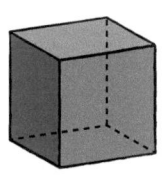

정사면체
....
куб

하양
....
белый

노랑
....
желтый

주황
....
оранжевый

분홍
....
розовый

빨강
....
красный

보라
....
лиловый

파랑
....
синий

초록
....
зелёный

갈색
....
коричневый

회색
....
серый

검정
....
черный

많은 / 적은

много / мало

화난 / 차분한

яростный / мирный

아름다운 / 추한

красивый / уродливый

시작 / 끝

начало / конец

큰 / 작은

большой / маленький

밝은 / 어두운

светлый / темный

형제 / 자매

брат / сестра

깨끗한 / 더러운

чистый / грязный

완전한 / 불완전한

полный / неполный

낮 / 밤

день / ночь

죽은 / 산

мёртвый / живой

넓은 / 좁은

широкий / узкий

삭용의 / 비식용의

съедобный / несъедобный

불친절한 / 친절한

злой / дружелюбный

흥분된 / 지루한

взволнованный / скучающий

뚱뚱한 / 마른

толстый / худой

처음으로 / 마지막으로

сначала / в конце

친구 / 적

друг / враг

꽉 찬 / 텅 빈

полный / пустой

딱딱한 / 부드러운

твёрдый / мягкий

무거운 / 가벼운

тяжёлый / легкий

배고픔 / 목마름

голод / жажда

병든 / 건강한

больной / здоровый

불법 / 합법

незаконный / законный

영리한 / 어리석은

умный / глупый

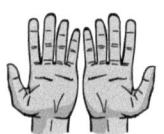

왼 / 오른

слева / справа

가까운 / 먼

близко / далеко

새 / 헌

новый / подержанный

무 / 유

ничто / нечто

늙은 / 젊은

старый / молодой

온 / 오프

включено / выключено

열린 / 닫힌

открыто / закрыто

조용한 / 시끄러운

тихо / громко

부유한 / 가난한

богатый / бедный

옳은 / 틀린

правильный /
неправильный

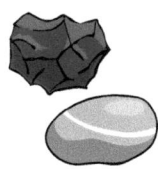

거친 / 매끄러운

шероховатый / гладкий

슬픈 / 기쁜

печальный / счастливый

짧은 / 긴

короткий / длинный

느린 / 빠른

медленный / быстрый

젖은 / 마른

мокрый / сухой

따뜻한 / 시원한

тёплый / прохладный

전쟁 / 평화

война / мир

0	**1**	**2**
영	하나	둘
ноль	один	два
3	**4**	**5**
셋	넷	다섯
три	четыре	пять
6	**7**	**8**
여섯	일곱	여덟
шесть	семь	восемь
9	**10**	**11**
아홉	열	열하나
девять	десять	одиннадцать

12

열둘

двенадцать

13

열셋

тринадцать

14

열넷

четырнадцать

15

열다섯

пятнадцать

16

열여섯

шестнадцать

17

열일곱

семнадцать

18

열여덟

восемнадцать

19

열아홉

девятнадцать

20

스물

двадцать

100

백

сто

1.000

천

тысяча

1.000.000

백만

миллион

영어

английский

미국식 영어

американский английский

중국어 만다린

мандаринский китайский

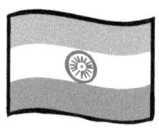

힌두어

хинди

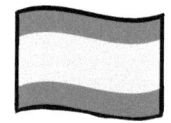

스페인어

испанский

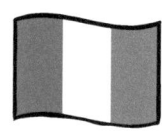

프랑스어

французский

아랍어

арабский

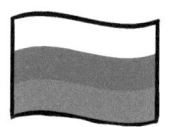

러시아어

русский

포르투갈어

португальский

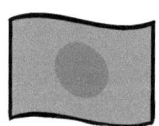

불가리아어

бенгальский

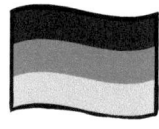

독일어

немецкий

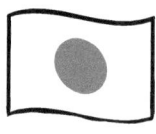

일본어

японский

나
я

너
ты

그 / 그녀 / 그것
он / она / оно

우리
мы

너희들
вы

그들
они

누가?
кто?

무엇이?
что?

어떻게?
как?

어디서?
где?

언제?
когда?

이름
имя

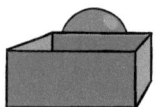

뒤에

за

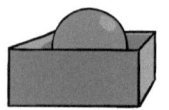

안에

в

앞에

перед

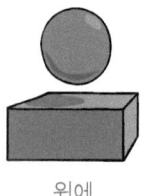

위에

над

위에

на

아래에

под

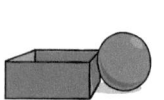

옆에

рядом

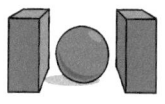

사이에

между

장소

место